Un CDI pour tous les salariés, c'est possible

La collection *Paroles d'Acteurs*
est dirigée par Mathieu Souquière

Dans la même collection :

Thierry Beaudet, *Journal d'une crise. De l'urgence du Covid aux soins du quotidien*

Laurent Berger, avec Denis Lafay, *Au boulot !*

Jean-Christophe Combe, *L'humanité ne se négocie pas*

Pascal Demurger, *L'entreprise du XXIe siècle sera politique ou ne sera plus*

Guillaume Desnoës, Thibault de Saint Blancard, Clément Saint Olive, *La société du lien*

Laurent Escure, avec Madani Cheurfa, *Cultivons le* Je *démocratique. Pour une immunité collective*

Aurélie Gros, *Pour un ministère des citoyens ! La nouvelle fabrique des idées*

Philippe Laurent, *Maires de toutes les batailles. En finir avec l'hypocrisie décentralisatrice*

Philippe Lemoine, *Une révolution sans les Français ?*

Olivier Faron, Thibaut Duchêne, *Former*

www.editionsdelaube.com

ISBN 978-2-8159-4787-9

Philippe Bazin
Valérie Bazin

Un CDI pour tous les salariés, c'est possible

Préface de Nicole Notat

éditions de l'aube

À nos filles, pour leur patience
et pour tout le reste…

Préface
En route vers le plein-emploi ?

Sans la créativité, la force de conviction, et l'investissement de Valérie et Philippe Bazin, je n'aurais probablement jamais découvert le « CDI d'employabilité ». Lorsque j'ai été sollicitée par ces deux entrepreneurs lyonnais, spécialistes des ressources humaines depuis trente ans, j'ai d'abord été surprise de découvrir unc mécanique inédite.

Comment pouvaient-ils faire converger les besoins légitimes de flexibilité des entreprises et les envies, tout aussi légitimes, de signer un CDI pour des personnes enchaînant les contrats courts et les contrats d'intérim ? Je découvre alors des garanties sociales inédites pour des personnes jusque-là habituées à la précarité : le maintien du salaire durant les intermissions, le doublement des heures de formation et surtout la capacité à construire un parcours de vie grâce au développement de l'employabilité. Signer un CDI d'employabilité, c'est aussi ne plus devoir solliciter une caution pour se loger ou pouvoir discuter d'un prêt immobilier avec son banquier. C'est enfin bénéficier des congés payés pour partir en vacances. Bref, une vie comme tout le monde.

Forte de ces constats, j'ai accepté de devenir administratrice de la société avec mon ami Jean-René Buisson, l'ancien secrétaire général de Danone, tout aussi convaincu de l'innovation soutenue par Valérie et Philippe, en tant que chefs d'entreprise. Nous avons porté ensemble la définition de la mission de l'entreprise « Rendre accessible et développer l'employabilité » et son intégration dans les statuts de la société. Car le « CDI d'employabilité » s'adresse en priorité à un public « éloigné de l'emploi » dont les critères sont fixés par la loi : une faible qualification (bac ou moins), un âge supérieur à 50 ans, un handicap, une inscription à Pôle emploi depuis six mois au moins ou le bénéfice des minima sociaux.

Le livre que vous avez entre les mains retrace l'histoire d'une « envie de convaincre preuve à l'appui » qui résonne avec l'actualité de cette année présidentielle. Alors qu'on constate une baisse sans précédent du nombre de chômeurs de « catégorie A », la précarité n'est pas endiguée pour autant, en raison notamment du recours aux contrats courts. Le CDI d'employabilité, expérimenté depuis 2018, est justement un outil de déprécarisation des salariés qui accumulent des missions courtes, tantôt en CDD, tantôt en intérim. Valérie et Philippe ont démontré la pertinence de ce dispositif qui marche. Des milliers de salariés ont bénéficié de cette innovation. Plus d'une centaine d'entreprises se sont engagées aux côtés de ces entrepreneurs audacieux et ont converti des contrats d'intérim en CDI. Le Groupe La Poste, connu pour son engagement sociétal, vient d'ailleurs de lancer un appel d'offres pour engager ce mouvement de bon sens.

Je forme le vœu que le prochain président de la République permette la généralisation du CDI d'employabilité. Sortir 1 million de salariés de la précarité est à portée de main, il n'y a donc plus lieu de tergiverser.

Nicole Notat
Ancienne secrétaire générale
de la CFDT, fondatrice de Vigeo,
présidente de Coup de Pouce

En finir avec
la préférence française pour le chômage ?

Nous sommes ce que l'on appelle des « chefs d'entreprise ». Une catégorie qui, dans notre pays, n'a pas toujours les faveurs de l'opinion, c'est même un euphémisme. À notre « décharge », si les très grandes entreprises suscitent souvent la méfiance de nos concitoyens, associées qu'elles sont dans l'imaginaire collectif à un capitalisme désincarné, les TPE et les PME, qui constituent notre plus modeste environnement, caracolent au contraire en tête des institutions qui attirent la sympathie, loin devant toutes les autres, et même très loin devant celles qui ont trait à la sphère politique: sans doute faut-il d'ailleurs y voir l'un des plus élémentaires indicateurs de notre crise démocratique, et aussi peut-être la promesse que les entreprises ont elles-mêmes un rôle à jouer pour contribuer à dénouer celle-ci.

Notre univers à nous, éloigné des ministères parisiens, est donc celui des « petites et moyennes entreprises », avec en l'occurrence la région lyonnaise comme berceau. « Small is beautiful » : le slogan ne date pas d'aujourd'hui, mais il n'a sans doute jamais autant pesé dans nos représentations collectives. Notre vie de « petits » entrepreneurs a toujours été mue par notre envie d'indépendance et de liberté, et non par quelque appât du gain que ce soit. Nous sommes ainsi un couple – non pas seulement au bureau, mais « à la ville » aussi, comme l'on dit – qui a fondé successivement plusieurs « affaires ». En revanche, nous avons toujours cherché à nous rendre utiles dans ce que nous faisions : à nos clients et à nos salariés bien sûr, mais peut-être même au-delà, c'est en tout cas notre moteur. Immodeste ambition que nous avons aujourd'hui l'intention de porter encore plus haut. Puisse ce récit – une sorte de retour d'expérience, après plus de vingt années passées à la lisière du monde de l'intérim et du « travail à temps partagé » – en convaincre les lecteurs et, plus encore, les décideurs politiques et économiques, car nous avons la certitude d'avoir de l'or entre les mains.

De quoi s'agit-il ? D'une opportunité de repenser et de changer en profondeur – en peu de temps et à peu de frais en prime – l'organisation du travail. Aucune utopie derrière tout cela, pas de rêve éveillé, pas de grand soir à réaliser, pas d'arme à brandir ni de barricades à monter. La révolution dont nous parlons est non seulement pacifique mais elle est la plus réaliste, la plus raisonnable et, partant, la plus accessible qui soit. Et pourtant, si nous décidions collectivement de l'engager dès demain, c'est tout notre contrat social qui en serait modifié et notre cohésion qui en serait très solidement renforcée.

On dénonce depuis longtemps une prétendue « préférence française pour le chômage ». Une formule choc – et choquante – laissant entendre que notre pays aurait depuis plusieurs décennies fait le choix – inassumé et hypocrite – d'un marché du travail d'autant plus protecteur que son accès est fermé pour de nombreux actifs condamnés à pointer à Pôle emploi. La réalité est malheureusement encore moins souriante : à un chômage élevé, nous avons ajouté une précarité réelle pour ceux qui ont la chance d'avoir un travail.

Alors que nous n'avons que le terme d'inclusion à la bouche, notre système génère en effet, à travers une multitude de contrats, une exclusion massive, qu'un chiffre suffit à résumer : 5 millions de travailleurs sont aujourd'hui privés en France d'un CDI, devenu pour beaucoup un Graal inaccessible. Leur statut, entre CDD, intérim et autres contrats précaires, les place dans une situation de vulnérabilité économique et sociale indigne, en ce début de XXIe siècle, de la septième puissance économique mondiale et du pays des droits de l'Homme.

C'est en prenant la mesure de cette aberration et de cette injustice que nous nous sommes lancés dans cette bataille avec une idée fixe : remplacer ces emplois précaires subis par des CDI choisis. Utopique ? Sûrement pas. Simplissime. Comment ? Par la mutualisation de ces emplois au sein d'une même entreprise, sur le modèle déjà ancien des groupements d'employeurs.

Ce système existe en réalité depuis longtemps mais en étant resté limité aux fonctions d'ingénieurs et de certains cadres recrutés dans de grands cabinets de placement. Une niche confortable pour « cols blancs », en somme. Alors, pourquoi ne pas en étendre largement le principe à ceux qui en ont en réalité le plus besoin, à savoir les travailleurs les moins qualifiés ? C'est notamment ce que permet aujourd'hui le « CDI d'employabilité » – inscrit dans la loi depuis 2018 – et ce que nous nous sommes employés à faire en créant notre entreprise et notre plate-forme de placement : MonCDI. Une goutte d'eau à notre échelle mais un océan si ceci devient la norme à l'échelle de la société.

Car, incroyable mais vrai, cela marche. Ce système met en mouvement un cercle vertueux où tout le monde est gagnant. Le salarié d'abord, bien sûr, bénéficiaire d'une situation enfin stable, de protections collectives associées à son statut et d'un droit à la formation renforcé. L'entreprise cliente ensuite, qui conserve une réelle flexibilité, sans s'exposer au moindre risque juridique, et qui dispose ainsi d'une main-d'œuvre fixe, compétente, formée, déprécarisée et, ce faisant, plus performante. Qui ignore encore, en effet, qu'un salarié plus heureux est moins absent, plus productif et beaucoup plus créatif ? Enfin, ce sont les comptes sociaux de l'État qui s'en trouvent avantageusement améliorés car cette précarité représente un coût considérable pour ceux qu'elle frappe mais aussi pour la collectivité.

Ils sont déjà plusieurs milliers à en avoir bénéficié, à être même devenus les ambassadeurs de leur propre CDI auprès des entreprises qui les font travailler. Mais il ne tient qu'à nous qu'ils soient demain bien plus nombreux. Et pourquoi pas au moins 1 million ? C'est résolument possible – la plate-forme MonCDI le prouve – et c'est résolument souhaitable, alors que le marché du travail compte 2,5 millions d'intérimaires et 2 millions de salariés en CDD. Dans ces conditions, qu'attendons-nous ? Il suffit de peu de choses pour que la France affirme demain sa préférence pour un marché du travail réellement inclusif. Un avant-goût de monde d'après ?

Les leçons du terrain : à la découverte de l'« intérim structurel »

L'évidence s'est progressivement imposée pour nous et remonte à nos premières expériences du monde de l'entreprise. Nous avions fondé une petite société dans le secteur de l'électronique et des cartes à puce, à l'époque déjà en pleine déconfiture, toute l'activité ayant progressivement été captée par l'Asie. Par conséquent, le marché était trop étroit pour nous offrir de solides perspectives de croissance. Et, ce faisant, nous interdisait de prendre le risque de recruter. Pourtant, nous nous épuisions, l'un et l'autre, sur les routes de France et de Navarre pour faire du développement commercial et sentions monter le besoin de renfort pour espérer passer un cap. Mais nous observions déjà, en tant qu'employeurs potentiels, qu'une petite structure comme la nôtre ne pouvait s'offrir le luxe d'embaucher, car trop vulnérable aux aléas de la conjoncture. Un recrutement nous aurait assurément aidés, mais un licenciement, peu de temps après, nous aurait tout aussi sûrement coulés. Pour pallier cette situation, nous nous sommes alors tournés vers les retraités car la mode était, à l'époque, au cumul emploi-retraite. Une façon de contrecarrer l'éviction précoce des séniors du marché du travail, massivement envoyés chez Pôle emploi, et d'améliorer l'ordinaire des retraités aux pensions modestes. Un moindre mal « gagnant-gagnant » en somme. Recourir à ce dispositif quelques heures par semaine nous aidait, en nous permettant de contourner l'embauche en CDI dont nous n'avions pas les moyens. Mais cela nous a surtout ouvert les yeux sur une réalité du marché du travail à laquelle nous étions confrontés : sa rigidité réelle, en premier lieu pour les structures récentes et de petite taille, aux reins insuffisamment solides. Au point qu'il devenait moins risqué de « végéter » plutôt que de se développer en embauchant…

C'est en tout cas ce qui a créé pour nous le déclic : fini l'électronique, à nous le marché de l'intérim avec un focus sur des retraités et les séniors en fondant alors notre première entreprise dans ce secteur, baptisée « 50 et Plus intérim ». C'était absolument passionnant pour nous que de mettre le doigt dans un engrenage vertueux avec le sentiment de

« rendre service » aux entreprises dans le besoin en même temps qu'aux salariés dans le besoin. En aidant celles-là à ne pas se mettre économiquement en risque et en aidant ceux-ci à ne pas être socialement en difficulté. Coup double, avec à la clé la conviction très tôt et très profondément ancrée que l'économique et le social marchent de pair, que les besoins peuvent être harmonieusement conjugués et même alignés, que l'humain n'a pas à être la variable d'ajustement d'un système économique désincarné et que tout ceci peut s'opérer sans amoindrir aucunement les performances des entreprises. C'est à cette occasion qu'ont été jetées les bases de notre activité future et, peut-être plus encore, la philosophie sous-jacente à cette dernière.

L'engouement a été immédiat, nous avons démarré dans le centre de Lyon et les candidatures ont afflué par milliers parce que, déjà, l'emploi des séniors constituait un talon d'Achille de notre système et un incommensurable gâchis humain. La contribution Delalande, alors en vigueur, qui partait théoriquement d'une louable intention – limiter les licenciements des salariés les plus âgés – produisait le résultat rigoureusement inverse de celui recherché : plus personne ne voulait alors recruter de séniors au chômage, tant l'affaire pouvait risquer de s'avérer coûteuse.

Résultat, le marché du travail ainsi réglementé, au lieu de se faire protecteur pour les séniors, devenait une véritable machine à exclure, le frein au licenciement de ces derniers devenant un frein à leur embauche. On peut le déplorer mais les acteurs économiques ne sont pas les derniers à faire des choix rationnels, hors de toute considération « morale ».

Expérience décisive pour nous que d'être ainsi confrontés aux limites du système, telle que l'interaction entre pouvoirs publics et acteurs économiques l'avait façonné. Ce système qui en était arrivé à reprocher aux séniors ce qu'il avait exigé des salariés pendant des décennies : être discipliné et fidèle à son entreprise, à laquelle le modèle dominant voulait que l'on consacre la totalité de sa vie professionnelle. Une carrière entière à exercer le même métier, à occuper le même poste, à servir consciencieusement le même employeur : tel semblait l'horizon indépassable d'un parcours professionnel accompli. Un schéma brutalement remis en cause à la faveur de la crise des années 1980-1990, au moment où désindustrialisation et chômage de masse frappaient de plein fouet les deux extrémités de la population active : les jeunes entrant sur le marché du travail et leurs aînés qui se préparaient à le quitter. Double hécatombe. Ceux qui s'étaient dévoués corps et âme pendant plus de quarante ans à leur entreprise se voyaient brutalement remerciés par celle-ci, pour cause de délocalisations et plans sociaux massifs, à quelques années de la retraite, avec une capacité de rebond forcément limitée. Hypocrisie totale. Avec ce que l'on appelle le « syndrome des poulets Doux » pour le dépeçage des volailles, à force de tâches répétitives et de gestes reproduits pendant trente ans, comment s'étonner qu'il soit difficile, lorsque tout s'arrête subitement, de se projeter dans autre chose, de se réaliser dans d'autres missions que celle assignée depuis toujours ? Comme si l'expérience devenait un boulet, comme si les compétences acquises s'évaporaient devant le critère devenu désormais essentiel aux yeux des recruteurs : l'agilité et la capacité d'adaptation. Tout ceci pouvant aboutir, pour les « heureux » salariés reclassés, à se retrouver sous l'autorité de managers souvent plus jeunes, pouvant même avoir l'âge de leurs propres enfants. Comment admettre le sort ainsi réservé aux salariés les plus âgés, a fortiori lorsqu'ils sont en prime les moins qualifiés ? Comment ne pas mesurer la violence de cette reconversion arbitrairement imposée à quelques encablures de la retraite, au sortir d'un schéma de vie professionnelle qui semblait jusqu'alors collectivement encensé ?

C'est avec ce constat – et une forme d'incompréhension, mâtinée de colère – que nous avons alors travaillé à un test de personnalité adapté à ce public pour évaluer le potentiel de « résilience » des séniors en même temps que leur adaptabilité : ainsi notamment de leur capacité à s'imprégner d'une nouvelle culture d'entreprise et à s'intégrer dans une nouvelle chaîne hiérarchique. Cela permettait de les valoriser tout en tenant compte de cette exigence des employeurs potentiels. Et cela a permis de rapprocher efficacement l'offre et la demande, en contribuant à contenir les réticences des entreprises, en exploitant ce capital propre aux salariés les plus âgés, alliage de compétence, d'expérience et de résilience.

Nous avons alors utilisé le modèle du groupement d'employeurs, souple, pour recruter des séniors que nous mettions à disposition de clients soumis à des conventions collectives contraignant leur recours à l'intérim. En contournant ces rigidités – qui sont aussi des protections –, nous leur apportions une souplesse en pouvant leur fournir les mêmes intérimaires sur des périodes longues, en annualisant leur temps de travail, sans rogner leurs protections puisqu'ils disposaient grâce à nous d'un contrat à durée indéterminée. Gagnant-gagnant, encore et toujours, conformément à notre approche. En particulier, le fait de pouvoir aller au-delà des dix-huit mois – qui constituent encore aujourd'hui le plafond pour un contrat intérimaire –, par l'entremise de notre groupement d'employeurs, représentait un énorme avantage pour nos clients, qui pouvaient ainsi tout à la fois réduire la voilure lorsque leur activité le nécessitait mais également fidéliser leurs équipes dans la durée si le climat de leurs affaires demeurait faste.

Si des entreprises peuvent naturellement se rendre coupables d'abus, en externalisant sur des salariés précaires tout ou partie du risque qu'elles sont censées endosser, nous observions que, dans l'immense majorité des cas, la réalité de nos clients n'était pas celle-ci : nous étions face à des entreprises de bonne foi, dont l'organisation productive nécessitait des souplesses de fonctionnement, notamment en matière RH, que le Code du travail – y compris pour de légitimes raisons tenant à la protection des salariés – s'était employé à rendre impossibles, au prix d'une inflation réglementaire de plus en plus complexe à déchiffrer. Autant de normes transformant la gestion des entreprises – a fortiori celles qui sont de taille modeste – en véritable casse-tête administratif, comptable et managérial. En voyant passer tous ces « intérimaires », postés durablement au sein des mêmes entreprises, nous étions bien placés pour observer l'absurdité et même l'hypocrisie du système, mais nous étions encore loin de pouvoir prendre la mesure de ce qu'il faut bien appeler un « intérim structurel » dans notre pays. C'est-à-dire un recours pérenne à cette part d'emploi « mobile », y compris dans certaines très grandes entreprises, parfaitement établies mais soumises à une conjoncture incertaine et avec un besoin constant de réactivité face à cette dernière.

Les premiers profils que nous avons recrutés dans ce cadre étaient qualifiés, les entreprises ayant davantage de facilités à accepter des séniors dès lors qu'ils venaient en renfort sur des fonctions valorisées. Mais il nous a rapidement été permis d'élargir le spectre à un public de production moins qualifié, ce qui était essentiel à nos yeux. En tout état de cause, s'agissant d'un recours à des intérimaires âgés, notre dispositif fonctionnait, et même très bien, dans toutes les configurations que nous expérimentions : y compris notamment en matière de relations clients, par un partenariat noué avec Pôle emploi, nous alimentions en séniors des centres d'appel et avions sous les yeux la preuve que ceci servait les intérêts de tous. Ceux des entreprises d'abord, qui pouvaient ainsi bénéficier de l'apport de salariés expérimentés, dont l'expertise technique et la posture de maturité tiraient l'ensemble des effectifs vers le haut, formant et encadrant les plus jeunes et contribuant à apaiser l'ambiance au sein d'équipes qui pouvaient regrouper plusieurs centaines de téléconseillers ; mieux, la productivité des séniors, sur les appels « entrants » comme les appels « sortants », était la meilleure. À rebours de bien des idées reçues. Ensuite, le gain était avéré pour ces salariés eux-mêmes, placés malgré eux dans une situation économique et sociale inconfortable et qui, grâce à un tel dispositif, évitaient de s'enfoncer dans le chômage de longue durée. Satisfaction pour nous encore décuplée, lorsque nous parvenions à remettre en selle des salariés éloignés de l'emploi depuis longtemps, au prix d'un suivi évidemment beaucoup plus rigoureux pour les accompagner efficacement. Car, forcément, un plus long passage en inactivité n'est jamais anodin et laisse toujours des traces. Il faut alors préalablement réapprendre l'estime de soi, la confiance vis-à-vis de soi-même autant que des autres et l'enthousiasme que les épreuves de la vie ont immanquablement abîmés.

Nous étions assez rapidement parvenus à dessiner les contours d'un cercle vertueux qui nous permettait de garantir tout à la fois la sécurité au salarié et la qualité au client. D'abord grâce au test de personnalité dont nous avions développé un modèle spécifique pour sélectionner les profils de façon pertinente ; ensuite grâce à l'embauche en CDI dont notre groupement d'employeurs offrait le support. En matière de qualité du travail, ce dernier paramètre était loin d'être neutre : il constituait même, nous pouvions aisément nous en rendre compte, la clé en matière de sérieux car il marquait pour les salariés une forme de respect, de reconnaissance de ce qu'ils étaient, autant d'éléments clés de leur responsabilisation et de leur implication au travail. La fidélisation qui en découlait venait ainsi boucler la boucle, ces salariés étant particulièrement appréciés par les entreprises clientes au sein desquelles ils étaient postés et qui les considéraient avec une attention proche de celle qu'ils manifestaient à leurs « vrais » salariés. Le montage que nous proposions était si pertinent qu'il permettait de retourner positivement la philosophie de l'intérim aux yeux de ceux qui, jusqu'alors, en subissaient la logique et en nourrissaient le sentiment d'être une main-d'œuvre interchangeable, pour ne pas dire « jetable ». Notre montage à nous, au contraire, préservait de cette perception toutes les parties, puisque toutes y gagnaient.

C'est dans la foulée de ces premières expériences que nous avons épluché le Code du travail, avec la volonté d'aller plus loin, en identifiant d'autres opportunités que ce maquis administrativo-juridique pouvait receler. Aussi, pour nous garantir le résultat le plus solide, nous nous sommes mis en lien avec le très réputé cabinet d'avocats Barthélémy, dont il n'est pas usurpé de dire que son fondateur – Jacques Barthélémy – constitue l'un des meilleurs connaisseurs du droit du travail. C'est avec ce dernier que nous en sommes arrivés à proposer à nos clients ce qui correspond à la troisième forme légale en matière de mise à disposition de personnel, celle du « travail à temps partagé ». Le principe est simple et consiste, pour un salarié, à travailler dans plusieurs entreprises en même temps mais en ayant un seul contrat de travail avec une structure tierce, celle-ci pouvant prendre la forme de « groupement d'employeurs » – dont le principe existe depuis les années 1980 – ou de « société de travail à temps partagé ». Nous étions au début de l'année 2011 et les effets de la terrible crise financière de 2008-2009 n'étaient pas encore absorbés, tant s'en faut. Au contraire, le chômage faisait rage, les médias braquant les projecteurs sur une actualité anxiogène, rythmée par l'hécatombe de plans sociaux, décimant notre industrie et défigurant socialement de nombreux bassins d'emploi sans que personne ne sache vraiment endiguer le phénomène. Certes, celui-ci touchait toutes les économies occidentales, mais bien plus durement la nôtre que d'autres. L'Allemagne en particulier, vis-à-vis de laquelle nous nourrissons parfois bien des fantasmes en matière économique et sociale, nous en remontrait largement : grâce à son système de cogestion et à une culture du dialogue social profondément enracinée, elle avait notamment su innover en matière de dispositifs de soutien aux entreprises, en particulier avec les prémices du chômage partiel. Celui-là même dont nous avons, nous, tardivement découvert les bienfaits à la faveur de la crise sanitaire, au point d'y recourir alors de très massive et généreuse façon. Mais à l'époque, notre inventivité en la matière fut bien timide, conduisant les rangs de Pôle emploi à se garnir de plusieurs dizaines de milliers de nouveaux inscrits chaque mois, renforçant l'idée, déjà bien ancrée depuis l'époque de Mitterrand – le fameux et criminel « contre le chômage, on a tout essayé » –, d'une impuissance publique face au spectre du chômage. Pas question pour nous de baisser les bras : puisque la crise économique nous semblait alors installée pour un moment, ce dispositif du temps partagé, évitant là encore les contraintes du travail temporaire, offrait à nos yeux de prometteuses perspectives.

À l'instar de ce qui se passait dans certains secteurs d'activités faits de cadres et ingénieurs de haut niveau, où des consultants de grosses sociétés de conseil étaient mis à disposition chez le client pendant de très longues périodes – le meilleur exemple de cette tendance étant fourni par Cap Gemini lorsqu'à partir des années 1980, avec les débuts de l'externalisation de l'informatique, des entreprises « prestataires » en vinrent à assurer la totalité de ces fonctions pour leurs clients –, nous voulions élargir le principe de la prestation de service aux « cols bleus », considérant que les besoins étaient aussi marqués pour ces derniers. Les entreprises, frappées par la crise et soucieuses de restaurer leurs marges, pour celles qui avaient survécu au contexte, se montraient scrupuleusement attentistes, anticipant avec l'invasion du digital une automatisation croissante des tâches et appuyant donc sur le frein des embauches pérennes. Spirale dépressive dont notre pays mit longtemps à sortir, sans y être encore intégralement parvenu à l'heure où nous rédigeons ces lignes, une décennie n'ayant pas suffi à réparer les dégâts de cette crise des subprimes dont les développements nous firent redouter un *remake* de 1929.

En tout état de cause, l'époque voyait plusieurs tendances additionner leurs effets, entre la crise financière, la transformation numérique, l'automatisation des lignes de production et la rigidification de la réglementation du travail, ouvrant un champ extrêmement large pour les solutions que nous proposions en matière de mise à disposition de personnels. Au coût, sonnant et trébuchant, des plans sociaux, les boîtes n'avaient en outre pas envie d'ajouter un coût symbolique tout aussi lourd en matière d'image. Toute solution de facilité concernant la gestion de leurs ressources humaines, favorisant leur redémarrage sans risquer de plomber leur avenir, avait donc à leurs yeux beaucoup d'attrait. N'accablons pas les dirigeants en pointant leur frilosité, voire leur inhumanité : ils composaient simplement avec un faisceau de contraintes lourdes et pouvaient d'ailleurs bien souvent être rejoints dans leur choix par nombre de leurs interlocuteurs syndicaux, légitimement soucieux, avant toute autre considération, de travailler à la pérennité de l'entreprise avant même d'envisager toute inflation de la masse salariale.

Ainsi, à l'époque, les entreprises ont-elles rapidement fait leur calcul, en faveur principalement du travail temporaire : entre le risque pour leurs comptes et leur réputation, elles ont ainsi opté pour une organisation certes plus coûteuse à court terme car externalisée – entre les indemnités de fin de mission, les congés payés et la marge du prestataire, le régime de l'intérim représente un surcoût de 20 % à 30 % par rapport à un salarié interne –, mais indolore à plus longue échéance. Seul biais de ce système, et non des moindres : lorsqu'une mission d'intérim n'est pas reconduite et que le travailleur concerné retourne donc pointer à Pôle emploi, le coût de cet ajustement incombe alors à la collectivité, par le biais de l'assurance-chômage. Car, personne ne peut feindre de l'ignorer, le « gouffre » financier que représente ce système tient en réalité avant tout à ce jeu d'externalisation : 80 % des embauches étant des réembauches, qu'il s'agisse de CDD ou d'intérim, le poids du travail temporaire est devenu prépondérant. Un chiffre permet de mesurer cette pente : en vingt-cinq ans, la part des CDD est passée de 75 % à plus de 90 % des contrats offerts. Avec une très forte hausse, concomitante des contrats de très courte durée puisqu'un CDD sur trois est signé pour une période… d'une journée. C'est, sans le dire, le grand retour des « journaliers » dans le monde du travail, qui font la navette constamment entre un employeur et Pôle emploi. Plus globalement, 80 % des contrats durent moins d'un mois.

Ce faisant, le système est tout à la fois source de précarité pour des centaines de milliers de personnes et source de dépenses publiques écrasantes pour la collectivité. Dérive d'autant plus choquante dans un contexte où les marges de manœuvre budgétaires – jusqu'au récent « quoi qu'il en coûte » au moins – étaient très réduites du côté des pouvoirs publics. On comprend pourquoi le travail temporaire est la première cause du déficit du régime de l'Unédic, plombé à hauteur de près de 40 milliards d'euros. C'est bien l'hypocrisie, voire l'aberration, du système qui le rend ainsi déficitaire. Le cercle est follement vicieux : tout ceci coûte aux entreprises (car l'intérim coûte plus cher et parce que la productivité d'un salarié précaire ne peut pas être la même que celle d'un salarié respecté), à la collectivité (via l'assurance-chômage et le déficit de nos comptes sociaux), aux intérimaires par la précarité qui pèse sur leur existence.

Qui peut donc se réjouir de cette structuration du marché du travail où, de façon presque constante depuis plus de vingt ans, s'additionnent 2 millions de personnes en CDD et 2,5 millions d'intérimaires ? Auxquels il convient d'ailleurs, en toute rigueur, d'ajouter 1 million de contractuels de la fonction publique. Car cette dernière s'est largement distinguée en la matière, sur le mode du « faites ce que je dis, pas ce que je fais »…

L'examen des chiffres est en l'occurrence très éclairant: que l'on prenne en considération la crise de 2008 ou celle, plus récente, liée au covid, l'intérim représente près de 800 000 « équivalents temps plein » (ETP), soit grossièrement le même volume qu'il y a quinze ans. Certes, tous les secteurs ne sont pas consommateurs de la même façon: s'il ne dépasse globalement pas 3 %, il peut en revanche atteindre 10 % dans la construction ou l'industrie. Nous vivons donc avec et grâce à ce volant d'intérim, sans discontinuer. Entre ces deux crises, nous ne sommes jamais descendus en dessous de 400 000 ETP, ce qui confirme que la moitié des postes en question relèvent bien de cet intérim que nous qualifions de « structurel ». Phénomène confirmé lors de la reprise qui a succédé à la toute première vague pandémique: lorsque tout le monde a repris le chemin de son entreprise, l'intérim lui-même a rebondi immédiatement et de façon très dynamique, attestant d'un besoin essentiel et constant des sociétés pour cette main-d'œuvre flexible. Puisque le besoin est là, la question est donc de continuer à le satisfaire, autrement, sans toute la casse humaine que nous avons lamentablement acceptée depuis si longtemps.

Un système sclérosé à réinventer : la précarité n'est pas une fatalité

Nous ne partageons pas du tout la vision décliniste que certains adoptent pour caractériser l'état de notre pays. Cette morosité ambiante ne s'accorde ni avec la réalité de nos atouts ni avec notre intérêt. Nous sombrons dans une sorte de coquetterie dépréciative, dépressive même, puérilement autocentrée. Nous gagnerions, pour surmonter ce nombrilisme un peu vain et immature, à davantage observer ce qui se passe ailleurs : nous aurions confirmation que nous ne sommes pas aussi mauvais que nous faisons mine de le croire et que les pensées négatives dans lesquelles nous nous enfermons deviennent de véritables boulets. Ne serait-il pas, à cet égard, très stimulant de diffuser sur nos antennes télé et radio – pour éviter l'actuelle surenchère des chaînes d'information transformant l'actualité en buzz – des journaux et programmes d'autres pays ? Cela nous ouvrirait assurément les yeux et l'esprit de voir ce qu'il se passe ailleurs, la façon dont les autres en parlent, dont ils parlent y compris de nous, leur regard sur le monde et sur l'avenir, souvent autrement plus constructif que le nôtre. Il est en tout cas urgent de sortir de cette vision négative omniprésente et presque paralysante. Au lieu de nous prendre ainsi le pouls, retroussons-nous plutôt les manches, car il y a matière.

Il est incontestable que des formes d'emploi précaire ont perduré, voire même se sont développées, au cours des dernières décennies, au gré de la désindustrialisation et de la digitalisation de notre économie. Nos usines ont fermé et l'Asie est devenue l'atelier du monde, à mesure que se développaient chez nous des plates-formes numériques émiettant encore un peu plus le travail. Nous ne sommes assurément pas les seuls à nous être heurtés à de telles difficultés. C'est pourquoi l'idée d'une « préférence française pour le chômage » laissant entendre qu'il y aurait en la matière une singularité hexagonale, si elle traduit une réalité, n'en demeure pas moins un raccourci. Il est vrai que notre pays se distingue par un poids des prélèvements obligatoires et de la législation du travail qu'on ne retrouve pas ailleurs et qui n'est pas sans impact sur notre tissu économique. Mais il faut prendre garde de certaines comparaisons avec d'autres pays, notamment l'Allemagne, qui n'ont ni les mêmes structures économiques et sociales, ni les mêmes équilibres démographiques, ni le même rapport culturel à l'apprentissage et au travail. Le seul solde naturel de la population crée chez nous une situation particulière : l'Hexagone voit sa population active augmenter d'environ 100 000 personnes chaque année, contrairement à des pays en déclin démographique comme le Japon ou notre voisin outre-Rhin. Avec une conséquence mécanique : pour faire reculer le chômage, notre économie doit créer, peu ou prou, autant de nouveaux emplois pour absorber ce flux de nouveaux entrants. Force est d'ailleurs de constater que le niveau de chômage en France, s'il a été plus élevé que chez certains de nos voisins au cours des trois dernières décennies, demeure dans la moyenne européenne. S'agissant d'un des pays les plus puissants du continent, ce résultat a des allures de contreperformance, mais l'Italie et l'Espagne ont longtemps fait nettement moins bien que nous. Mieux, certains des pays qui sont pris en exemple pour leur situation de quasi plein-emploi – ainsi des États-Unis, de l'Angleterre, de l'Allemagne notamment – n'ont pas réussi à endiguer une montée des inégalités et une augmentation du nombre de travailleurs précaires. Ces pays riches ont ainsi vu leur taux de pauvreté augmenter, là où le nôtre a plutôt été contenu dans la même période, par le biais d'une politique redistributive plus appuyée. Sans chercher à minimiser le poids de certaines de nos erreurs, il y a lieu d'être prudent dans le diagnostic global que nous établissons car peu de pays comparables au nôtre – par leur taille ou leur niveau de développement – sont parvenus à un « combo » gagnant, associant plein-emploi d'une part et emploi de qualité d'autre part. Comme s'il fallait choisir entre les deux.

Il faut toutefois admettre que nous avons partiellement échoué en la matière car nous additionnons un très fort niveau d'inactivité sans avoir réussi à nous épargner des formes d'emploi précaire. Au point que s'est forgée l'expression de « halo du chômage » pour désigner une réalité économique et sociale qui décrit bien cette zone grise, entre l'inclusion bien réelle et l'exclusion fatale, touchant très majoritairement les personnes les moins qualifiées. Car, il faut toujours le répéter, le chômage de longue durée demeure le quasi-monopole des actifs les moins bien formés. De la même manière, nous savons que les deux tiers des demandeurs d'emplois et les trois quarts des intérimaires sont peu ou pas qualifiés, ce manque de qualification étant une puissante barrière à l'embauche en CDI. Nous sommes arrivés à ce lamentable résultat en ayant tragiquement négligé notre système de formation. Alors que nous nous vantions de notre école, pilier républicain encensé depuis la mythique époque de Jules Ferry, nous nous sommes brutalement réveillés en observant non seulement ses limites mais sa relégation dans tous les classements internationaux, de Pisa à Shanghai.

De façon criminelle, nous avons ainsi laissé s'installer un modèle de formation initiale qui exclut durablement. D'abord par le nombre de personnes qui sortent du système scolaire sans aucune qualification : si celui-ci a pu reculer au cours des dernières années, en passant au-dessous de la barre des 100 000, on mesure néanmoins ce que cela représente à l'échelle d'une classe d'âge. Pire, le monde du travail, chez nous, applique une sorte de double peine : celui qui fut relégué à l'école, car incapable de s'accomplir dans notre système éducatif, est relégué ensuite pendant toute sa vie tant en France le poids du diplôme compte ensuite à toutes les étapes de l'existence. Pas de seconde chance ou si peu. Sans diplôme, pas d'avenir. En découle une mobilité sociale totalement à l'arrêt chez nous, l'école étant devenue un reproducteur d'inégalités de génération en génération. Pour un pays faisant figurer l'égalité dans son triptyque de valeurs fondamentales, l'affaire relève de la trahison. Piteuse performance aggravée par le mépris dans lequel nous tenons depuis toujours l'enseignement technique. Le dénigrement de ces formations, culturellement très ancré et encore aggravé par l'objectif – qui se prétendait généreux – d'amener 80 % d'une classe d'âge au bac se paie encore aujourd'hui. Nous sacralisons les ingénieurs, a fortiori s'ils sont diplômés de Polytechnique ou de Centrale, mais nous méprisons les techniciens. Notre complexe d'infériorité vis-à-vis de l'Allemagne devrait ici fort opportunément nous faire réfléchir. Il n'y a pas lieu de chercher plus loin les sources de notre recul technique. Parce que nous sommes un pays dont l'imaginaire s'est constitué au XIXe siècle autour de la figure du paysan d'une part et du fonctionnaire d'autre part, là où l'Angleterre a privilégié le commerce et l'Allemagne l'industrie, nous avons aujourd'hui du mal à maintenir nos positions. N'oublions pas que certains décideurs français, il y a encore peu, rêvaient d'un monde « sans usine », portant là une responsabilité majeure dans le recul technique de notre pays. L'idée de bazarder notre industrie nous est revenue en boomerang et la nécessité de travailler à notre « redressement productif » s'est heureusement progressivement réimposée après des années de gâchis. Qui pouvait sérieusement croire à une économie polarisée sur les seuls services après que nous ayons déjà tellement comprimé les effectifs de notre secteur agricole ? Le luxe et le tourisme sont deux moteurs très puissants, qui contribuent d'ailleurs efficacement au *soft power* français, notre pays demeurant la première destination touristique mondiale – ce qui n'est quand même pas rien – et Paris restant associée à une image d'élégance et de raffinement partagée dans le monde entier. Mais le monde de l'atelier, de l'usine et de la boutique n'a rien de dégradant, même lorsqu'il ne s'agit pas de haute couture ou de haute gastronomie. Aussi le fait de remettre aujourd'hui dans le débat les questions de souveraineté industrielle – nous avons vu le handicap que représentait de ne pas savoir fabriquer très vite un produit aussi simple qu'un masque – est-il rassurant. Il était temps.

À ces erreurs coupables concernant notre système scolaire en général et celui des filières techniques en particulier, s'est ajoutée notre organisation lamentable en matière de formation continue. Les réformes récentes ont sans aucun doute permis de réaliser des progrès significatifs mais nous payons plusieurs décennies d'aberrations et de gabegies longtemps dénoncées mais jamais corrigées. Un système mobilisant des sommes colossales pour des résultats dérisoires. Pour une raison simple : la formation professionnelle n'a jamais été conçue pour celles et ceux qui en avaient véritablement besoin individuellement ; elle n'a jamais permis d'orienter notre système productif en anticipant les besoins collectifs à venir. Encore aujourd'hui, aucun pilotage global ne permet de planifier des formations alignées avec les besoins nés des transitions numériques, environnementales et démographiques en cours. Aussi manquons-nous aujourd'hui, d'un bout à l'autre de la palette, de développeurs, d'agents d'environnement ou d'auxiliaires de vie dans les maisons de retraite. Ni la formation initiale ni la seconde chance qu'offre la formation continue ne contribuent aujourd'hui à mettre en adéquation l'offre et la demande sur le marché du travail. Malgré les ressources considérables qui sont mobilisées à cet effet et qui s'évaporent sans le moindre résultat. Tragédie nationale et gâchis humain irréparable.

Ce double échec de notre système de formation – initiale et continue – a abouti à une réalité sociale crue : l'école d'abord, l'entreprise ensuite ne sont plus les espaces d'intégration qu'ils furent hier. D'où nos débats incessants sur le lien social en délitement, sur la relégation de certains quartiers, sur la désespérance de certaines catégories de la population, sur le rejet de plus en plus massif de l'immigration, sur la conviction de plus en plus partagée que notre contrat social est mité. Nos erreurs et nos échecs ont ancré l'idée que « c'était mieux avant ». Ce point de vue relève d'abord d'une mystification : personne ne peut le démontrer et rien ne dit que nos aïeux ne trouveraient pas notre monde plus doux que le leur. Mais, au-delà du biais cognitif que cette vision introduit, elle relève aussi d'une forme d'inutilité : nous plonger dans ce passé fantasmé, c'est alimenter la peur du futur et nous empêcher de le construire sereinement et efficacement dès maintenant.

Or nous n'avons aucunement à être inquiets quant à nos perspectives de développement et aux solutions que la technologie peut nous aider à trouver pour demain, comme l'ont permis toutes les grandes révolutions techniques qui ont émaillé l'histoire de nos sociétés. La France y a d'ailleurs toujours joué les premiers rôles, qu'il s'agisse de la première ou de la seconde révolution industrielle. Concernant cette dernière, souvenons-nous qu'à la fin du XIXe siècle, nous étions même, grâce à notre capacité d'innovation et au talent de nos ingénieurs, les leaders dans les nouvelles technologies de l'époque qu'étaient les industries aéronautique, automobile et cinématographique, celles qui ont façonné la grande aventure du XXe siècle. Aujourd'hui encore, la France demeure la septième puissance économique mondiale – avec moins de 1 % de la population mondiale –, son modèle social, malgré ses imperfections et le recours à un endettement massif pour le financer, permet de maintenir la cohésion et de contenir les inégalités ; notre attractivité est réelle si l'on en croit les capitaux et les touristes qui viennent alimenter massivement notre économie. Mieux, notre culture et notre art de vivre suscitent l'admiration du monde entier. Il y a même un « modèle français » que beaucoup nous envient. La défiance qui nous étreint fait parfois fi de cette réalité qui devrait même flatter une part de notre orgueil national. Les chiffres égrainés de la French Tech permettent d'ailleurs d'observer que notre pays renforce ses positions en la matière puisque nous disposons déjà de vingt-cinq « licornes » et que cette liste s'allonge chaque semaine, témoignant de la vitalité de notre écosystème numérique.

Nos atouts sont donc solides, il est essentiel de le reconnaître tout en pointant nos zones de faiblesse. Et sans oublier que le progrès technique a toujours été source de débats, vifs et angoissés, quant aux désordres qu'il peut provoquer. La littérature est riche de travaux qui, depuis que le progrès technique existe, n'ont eu de cesse d'alimenter la peur à son endroit en dénonçant ses effets sur la quantité de travail et sur sa qualité. Pour l'heure, soyons magnanimes, le progrès technique a toujours été vecteur de progrès économique et social : la population active – c'est-à-dire le nombre de gens occupés – n'a jamais été aussi nombreuse – avoisinant les 30 millions de personnes – et aussi « qualifiée » qu'aujourd'hui. L'importance du chômage et le développement de certaines formes d'emploi précaire ne doivent pas occulter ce progrès. Une sorte d'amnésie nous fait parfois oublier les conditions de travail qui étaient celles de nos grands-parents et y compris la précarité de leur statut lorsque le travail à façon ou le contrat de travail journalier dominaient.

Mais ce dont chacun prend aujourd'hui la mesure, avec cette révolution numérique qui modifie nos vies en profondeur, c'est le double défi qui s'impose à nous : celui de l'adaptation permanente d'abord, celui de la formation permanente ensuite, les deux étant organiquement liées. Demain, plus que jamais, il sera ainsi essentiel d'« apprendre à apprendre » pour continûment nous adapter à l'environnement et saisir les opportunités offertes par ce dernier plutôt que d'en subir défavorablement la mécanique. Chaque révolution fait des gagnants et des perdants : à nous, collectivement, de faire en sorte d'être dans la première catégorie. De ce point de vue, le monde du travail devrait en effet subir de très profondes mutations, dont celles que nous observons aujourd'hui ne fournissent sans doute que de douces et timides prémices.

Les études centrées sur l'impact du numérique sont nombreuses. Nous avons déjà mesuré ce qu'il en est pour nos vies personnelles et même intimes au quotidien. Un simple téléphone nous donne accès à une multitude de services, qui nous permettent en même temps de réserver nos prochaines vacances, de nous faire livrer notre dîner, de déclarer nos impôts en ligne, d'apprendre l'anglais, d'écouter de la musique, de consulter notre médecin et même de rencontrer l'âme sœur. Pas mal pour un si petit objet, devenu indispensable au point que nous semblons au bord du malaise en cas de perte ou de casse de ce dernier. Mais ce qu'il y a derrière a, plus encore, un impact accéléré sur notre organisation productive. Selon les chiffres qu'avait publiés le Conseil national du numérique en 2015, ce sont près d'1 million d'emplois qui ont été détruits depuis le début des années 2000 par le biais de la numérisation de l'économie. C'est en effet une véritable saignée, comme nous n'en avons peut-être jamais connu. Mais, plus rassurant, le nombre d'emplois créés simultanément est largement supérieur, autour de 1,5 million, induits directement ou indirectement par la révolution numérique, qui génère tout à la fois de nouvelles activités et qui augmente souvent la productivité de celles qui préexistaient.

La problématique essentielle tient au fait que ce ne sont pas les mêmes catégories de salariés qui bénéficient ou qui pâtissent de ces mouvements, parfois rapides et violents. Même si les chiffres peuvent varier d'une étude à l'autre, nous anticipons que les métiers seront très profondément transformés à mesure de leur digitalisation. Lorsqu'ils ne seront pas purement et simplement détruits. Le mythe que nous évoquions de la carrière professionnelle linéaire, à exercer le même métier, dans la même entreprise, pendant toute sa vie, relève désormais du mirage. Nous savons au contraire que chaque jeune qui entre aujourd'hui sur le marché du travail changera en moyenne une dizaine de fois de métier, de poste, d'employeur, de statut… La stabilité était la norme – en même temps qu'un idéal –, l'instabilité – et la variété dont elle est synonyme – devient notre horizon. On peut évidemment mesurer ce que l'affaire a d'anxiogène pour la plupart d'entre nous. Mieux, nous savons même que la moitié des jeunes qui entrent aujourd'hui à l'école exerceront demain un métier qui n'existe pas encore à l'heure actuelle. On peut même comprendre, à cette aune, la difficulté pour les uns comme pour les autres à se projeter dans un monde dont il est de moins en moins évident de cerner les contours et dans lequel on ne sait pas exactement la place et la fonction qu'on occupera, a fortiori lorsque celles-ci n'existent même pas encore. Il nous faut donc apprendre à avancer dans le brouillard sans nous départir d'une forme de confiance en nos capacités individuelles et collectives à trouver la bonne voie.

Mais, pas de chance, à cela s'ajoute une autre menace, celle liée au réchauffement climatique, dont tout le monde a désormais admis la réalité et qui nous impose une autre « transition », indispensable à notre survie, celle-ci. Nos économies et nos sociétés ont donc conduit à accomplir simultanément une double révolution, avec comme cahier des charges impératif de mettre l'une au service de l'autre : la transition numérique et la transition environnementale ne sauraient ainsi être appréhendées de façon disjointe, tant leur montée en charge est concomitante et leurs interactions sont puissantes. L'une impacte l'autre et réciproquement en matière de technologies, d'usages, d'organisation du travail.

Ajoutons que le contexte pandémique a déjà joué comme un accélérateur de cette double transition, ce qui fait au moins un motif de réjouissement lié à la crise sanitaire que nous subissons depuis deux ans. De ce point de vue, espérons que la séquence traversée aura commencé à nous réconcilier avec le numérique, tant celui-ci a contribué à sauver nos vies. D'abord à travers l'usage que la médecine a pu en faire, entre la création d'applications pour optimiser les ressources hospitalières, les téléconsultations généralisées ou le passe sanitaire ; ensuite, par le biais du télétravail, en permettant à notre société de continuer à fonctionner, parfois même avec autant d'efficacité que par le passé, en nous faisant rattraper un retard considérable en la matière ; enfin, au plus fort de la crise et du confinement, en nous préservant une part de vie sociale et culturelle, à travers la consommation de films, de musiques ou de partage d'apéro en visioconférence. Ayons en tête que sans le numérique, le confinement aurait été synonyme d'effondrement. Ce dernier, pour ce qui est du monde d'après, peut ainsi continuer d'être considéré non plus comme une menace mais bien comme l'allié qu'il a été pendant tous ces mois. Imaginons même nos vies si le prochain virus était informatique. Assurément, vivre avec le numérique est pour nous infiniment plus appréciable que de vivre sans. Ce qui renforce encore notre optimisme face à l'avenir et notre volonté d'aider à le construire de la meilleure manière qui soit.

Mais ce travail de prise de conscience a également opéré pour la transition environnementale, l'opinion ayant rapidement associé l'émergence et la propagation du virus à un dérèglement des écosystèmes. Ainsi une mue s'est-elle produite, au point de considérer la crise sanitaire traversée comme un *stress test* de la crise écologique à venir, d'une ampleur bien plus considérable au plan économique, social, démographique et migratoire. S'en est amorcé un premier virage, significatif, avec un plan de relance conçu non pas comme un coupable retour en arrière mais comme un accélérateur de transition, un tiers de ce plan à 100 milliards d'euros étant fléché pour « verdir » notre économie. On a ainsi noté l'ambition française de devenir leader en matière de voitures électriques ou de faire notamment d'Air France la « première compagnie verte ». Tout ceci dit bien l'approfondissement et l'accélération des mutations qui sont en cours.

Et cette pandémie révèle aussi, à tous ceux qui en doutaient, que notre capacité d'innovation et d'adaptation est immense. Souvenons-nous, tout de même, que la dernière pandémie, vieille d'un siècle tout juste, improprement nommée « grippe espagnole », avait vu succomber plusieurs dizaines de millions de personnes à travers le monde. Cette fois-ci, tout au contraire, nous avons su réagir à temps, même si tout ne fut pas parfait, nous coordonner autant que possible, mobiliser des sommes qu'on ne pensait même pas concevables pour protéger les entreprises et les personnes, faire de la solidarité une boussole pour tous. Cela ne s'est pas fait sans tâtonnements, sans erreurs, sans critiques, mais cela nous a permis d'éviter la catastrophe sanitaire en contenant le nombre de morts et de nous épargner une crise économique et sociale majeure. Tout cela nous l'avons fait grâce à une capacité d'innovation réellement remarquable, et tout cela devrait nous redonner confiance quant à notre aptitude à surmonter les défis. Autant de raisons de conserver ou de retrouver une forme d'enthousiasme alors que nous avons à nous y préparer.

En affrontant la réalité avec lucidité et réalisme. Les économistes et sociologues du travail ont largement pointé la bipolarisation du marché de l'emploi à laquelle le modèle des plates-formes numériques a déjà contribué : c'est-à-dire une « démoyennisation » de notre société en ayant surtout favorisé la création d'emplois qualifiés et valorisés d'un côté – entre développeurs, data analysts et autres concepteurs de nouveaux services –, et non qualifiés et sous-rémunérés de l'autre – dont les livreurs de repas Deliveroo et les manutentionnaires des entrepôts d'Amazon offrent les visages les plus familiers. Cette tendance dit bien que ce nouveau modèle productif doit s'accompagner de nouveaux droits pour ne pas venir fragiliser une cohésion sociale déjà mise à mal. Cette tendance dit toutefois que personne n'est rendu inutile, quel que soit son niveau de qualification, par la révolution digitale, dont on a pu craindre un temps qu'elle travaille à la consolidation d'une population active constituée essentiellement de cols blancs et qu'elle frappe d'inutilité productive et sociale la grande majorité des autres. Terrible ségrégation qui nous semble donc, pour l'heure tout au moins, tout à fait épargnée. On mesure au contraire que le danger n'est pas là mais plutôt dans l'émergence d'un nouveau « prolétariat numérique » dont il y a lieu de protéger le statut et d'étendre les droits pour que ceux qui le constituent ne soient pas les grands perdants de l'histoire.

De la même façon, les études menées au sujet de l'impact de la transition environnementale sur la pyramide des métiers mettent en évidence la diversité des fonctions qui seront demain associées au « verdissement » profond de nos économies. Ainsi, la création de nouvelles activités et de nouveaux métiers, tout comme la transformation de ceux existants, concernent de nombreuses catégories socioprofessionnelles, situées autant en bas qu'en haut de la pyramide. De ce point de vue, la classification que nous reprenions entre cols blancs et cols bleus pourrait bien demain céder la place en créant de nombreux postes de « cols verts », pour certains très qualifiés, pour d'autres beaucoup moins. En tout état de cause, un monde du travail plus vert susceptible d'offrir des places à tous, quel que soit leur niveau de qualification.

Autant dire que l'écologie comme le numérique seront donc demain l'affaire de tous et que ce double pivot autour duquel nos économies vont ainsi devoir s'articuler va amplifier encore le bouleversement de nos métiers, des produits et des services à inventer, de notre façon de travailler. Quant à l'intelligence artificielle, elle nous promet même l'entrée dans une nouvelle ère. Mieux, dans peu de temps, cette intelligence artificielle ne reposera même plus sur son concepteur humain, elle sera autoapprenante, ce qui nous annonce une rupture encore plus radicale dans le rythme des transformations auxquelles nous serons confrontés. Un monde d'intelligence exponentielle en quelque sorte.

Face à tout cela, chacun ne dispose pas des mêmes atouts, des mêmes besoins, des mêmes vulnérabilités. Puisque l'expression de « capitalisme inclusif » est à la mode, il nous faut en effet veiller à ce que ce capitalisme numérique et « vert » – si nous parvenons à démontrer collectivement que la transition environnementale ne passe pas nécessairement par un processus de décroissance stricte – le soit pleinement, en garantissant à chacun d'être en situation d'apporter sa contribution à ce dessein collectif. L'écologie n'est de toute façon pas une option : sans elle, nous vivrons un grand effondrement, auquel personne n'a évidemment envie de se soumettre. Par conséquent, même si l'écologie bouscule aujourd'hui certains grands intérêts économiques – ce qui explique que la transition ait mis du temps à faire consensus –, ces derniers deviennent les premiers à devoir opérer la transition, précisément pour préserver leurs intérêts à long terme. Car, dans un monde qui se suicide, tout le monde est perdant. Parce que la crise écologique bouscule le « système », parce qu'elle le menace en profondeur, ce dernier n'a d'autre choix que d'en faire sa matrice pour refonder les bases d'une autre prospérité. L'enjeu est donc que, demain, chacun puisse exploiter le potentiel qui est le sien en étant, non pas relégué, mais au contraire accompagné, afin de trouver sa juste place dans un monde du travail restructuré.

Ainsi, ce que nous accomplissons, très modestement, à notre échelle, et plus encore ce qui nous semble une large perspective pour demain, alimente notre plus vif optimisme. Alors que nous observons le monde du travail « par le bas », par ceux qui, à travers le travail temporaire, en sont en quelque sorte les « soutiers », nous entrevoyons de façon très claire comment il est possible de déprécariser le marché de l'emploi, au moment crucial où celui-ci est percuté par cette double transition. Ceci permettant de gagner tout à la fois en efficacité économique et en cohésion sociale.

Notre expérience, désormais bien établie, nous permet ainsi de l'affirmer sans ciller : le taux de chômage que nous connaissons aujourd'hui, même s'il a significativement baissé depuis la fin du précédent quinquennat, peut encore diminuer. Et ce dans des proportions importantes et dans un délai réduit. Nous savons que cette idée heurtera et qu'elle se heurtera elle-même à un mur d'incrédulité, tant nous avons collectivement intégré l'omniprésence du chômage dans notre société. Il est d'ailleurs frappant de noter que, alors que celui-ci était au cœur des deux précédentes élections présidentielles, plaçant même le précédent président dans l'incapacité de se représenter alors qu'il avait lui-même lié son sort politique à une inversion de courbe, le sujet semble aujourd'hui moins criant. Mieux, la problématique des pénuries de main-d'œuvre monte en volume dans le débat public comme si elle devenait le fait majeur du marché du travail et une préoccupation centrale de nos concitoyens.

Pourtant, même si le chômage a reculé, revenant aujourd'hui grosso modo à son niveau de 2008, il demeure nettement au-dessus de ce que nous pourrions considérer comme une situation de plein-emploi ou proche de celui-ci. Il est vrai que la politique de soutien à l'économie en période de covid, même si elle a contribué à plomber la dette, nous a évité un marasme économique aux conséquences sociales très lourdes et dangereusement éruptives. Tout le monde s'en réjouit et diverses études économiques ont montré qu'un moindre interventionnisme aurait coûté encore plus cher à nos finances publiques. Surtout, le dynamisme de notre économie, en pleine relance après des mois de freins et d'incertitude sanitaire, se traduit, sur le front de l'emploi, par une sorte de trompe-l'œil. S'il est vrai que notre chômage baisse, l'effet tient justement avant tout au redémarrage phénoménal de l'intérim et des CDD. Une croissance peut ainsi être vive sans pour autant alimenter des créations d'emplois pérennes, y compris dans un pays soucieux de cohésion et de protection sociale comme le nôtre. Les chiffres du chômage peuvent dans le même temps s'améliorer sans que s'améliorent, à échelle, ceux de la précarité. Il y a donc lieu de bâtir un système qui ait à la fois une valeur ajoutée économique et une valeur ajoutée sociale.

Pourtant, ces quelque deux points de chômage en moins enregistrés au cours de ces dernières années ont comme jeté un coin de voile sur le sujet. Aurions-nous à ce point intégré l'idée d'un chômage de masse qu'il faudrait considérer comme acceptable un taux de 8 % ? Car rappelons ce qu'un taux global recouvre d'écarts à la moyenne : à ce compte-là, les cadres parisiens y sont assez peu exposés là où les ouvriers de vieux bastions industriels y sont au contraire effroyablement soumis. Idem pour les jeunes peu qualifiés des quartiers populaires de la périphérie des grandes métropoles. Le chômage demeure donc une réalité sociale profonde, qui alimente une spirale d'exclusion frappant toujours les mêmes. Idem du temps partiel et des CDD qui, mis bout à bout, dessinent les contours de vies professionnelles mitées, de retraites partielles, de difficultés à en permanence joindre les deux bouts. Réalité encore plus rude à vivre s'agissant de familles monoparentales qui, dans 80 % des cas, sont sous la responsabilité d'une maman seule, qui enchaîne les contrats comme elle enchaîne les galères. Nous avons laissé cette réalité s'installer alors qu'il existe désormais tous les outils pour la combattre ou, à tout le moins, la circonscrire de façon bien plus drastique.

Car la réalité du marché du travail est sans ambiguïté, comme l'attestent les chiffres publiés par la Dares elle-même, c'est-à-dire l'institut statistique relevant du ministère du Travail. Que ressort-il de ces derniers ? Que 70 % de nos 4,5 millions de travailleurs précaires – qu'ils soient intérimaires ou recrutés en CDD –, tous inscrits à Pôle emploi, travaillent toujours dans les mêmes entreprises. Et que donc, en toute rigueur, cela représente 3 millions de personnes qui ne devraient plus apparaître dans les statistiques du chômage et avoir affaire, à intervalle régulier, au service public de l'emploi. Ce que l'on appelle le « halo du chômage » est une réalité artificielle que nous entretenons nous-mêmes, parce que nous le voulons bien. Mais une autre approche du marché du travail permettrait tout au contraire de neutraliser cette réalité. C'est ce que nous explorons chaque jour davantage à travers la raison d'être et l'activité de notre entreprise.

La preuve par l'exemple : la promesse du CDI d'employabilité

Notre discours n'est fondé sur aucune idéologie, tant nous nous méfions de cette dernière. Il n'est ni théorique ni hors sol, tout au contraire : il est le fruit d'une expérience méthodiquement accumulée. Et, à l'épreuve des faits, de la vie, des gens avec lesquels nous avons travaillé, nous pouvons en attester : cela marche. Le premier indice tient à la façon dont nos clients ont recouru à nos services. En effet, ce sont eux nos meilleurs « commerciaux » depuis le départ. Ceux qui ont tout de suite saisi l'intérêt de notre appui se sont spontanément et immédiatement faits nos ambassadeurs auprès de leurs homologues. Car les professionnels des ressources humaines ont pour habitude de slalomer au milieu des contraintes et savent mesurer la valeur ajoutée d'un service qui peut leur simplifier la vie. Quant au second indice, à l'autre bout de la chaîne, il tient précisément à la façon dont les salariés que nous mettons à la disposition de nos clients sont fidèles et épanouis, ce que nous pouvons mesurer chaque jour avec la plus grande des satisfactions.

Il y a bien trois facteurs qui se conjuguent et s'additionnent pour expliquer la spécificité du cas français : à la fois une « générosité » de notre protection sociale qui peut, dans certains cas, dissuader le retour à l'emploi normal ; une inadéquation plus forte chez nous entre l'offre et la demande de formation, qui ne garantit pas les bonnes évolutions professionnelles au bon moment pour les bons publics ; et enfin, une sorte de biais statistique qui rend pour partie artificiel ce fameux « halo ». Une autre fluidification du marché du travail est possible à condition d'être adossée à une nouvelle protection. Car tout le paradoxe est là : alors que nous avons un système très protecteur et redistributif, globalement, il maintient aujourd'hui dans leur statut précaire des centaines de milliers d'intérimaires. Ces derniers ne sont d'ailleurs évidemment pas en cause : si beaucoup choisissent leur statut, c'est précisément parce qu'une prime de précarité les y incite de bien malsaine façon. Si l'on propose un CDI au SMIC à une personne en intérim, vous avez en effet toute chance pour que, dans sa situation, elle le refuse : à ce niveau de rémunération, la prime de précarité et les congés payés, équivalant à 20 % de salaire en plus, constituent un avantage comparatif certain et, par accord tacite avec l'employeur, les périodes de congés payés sont en réalité converties en périodes d'inscription à Pôle emploi, afin de faire prendre en charge cette inactivité par le régime de l'assurance-chômage. Et à ce niveau de rémunération encore, l'accession à la propriété demeure un eldorado qui semble tellement hors d'atteinte que le contrat à durée indéterminée perd de son attractivité. Incivisme et cynisme sont ainsi devenus les deux mamelles de ce système.

Pendant longtemps, ce que l'on appelait les « licenciements boursiers » avait été admis comme processus régulateur. Les entreprises assumaient de dégraisser de façon préventive pour préserver leur marge en vertu de l'adage bien connu selon lequel les profits d'aujourd'hui font les investissements de demain et les emplois d'après-demain. En résumé, détruire des emplois maintenant reviendrait à préserver notre capacité à en créer plus tard. Ce qui se défend ; et se discute. Car, justement, premier progrès, ces plans de licenciements préventifs ne font plus comme hier l'actualité, les entreprises ayant commencé à modifier leurs pratiques. Peut-être parce que la montée en puissance de la responsabilité sociale et environnementale s'est imposée comme un nouveau mantra ; sans doute plus vraisemblablement parce que le coût en image se faisait trop désastreux. C'est ainsi que cet ajustement s'est opéré différemment, de façon externalisée, par le biais de la mise à disposition de salariés par un tiers extérieur.

Ainsi s'est constitué un système, que plus personne ne remet aujourd'hui en cause, qui a comme admis et institutionnalisé une autre forme de précarité liée à l'extension du travail temporaire. La période du covid l'a encore mis en évidence d'éclatante façon. L'un de nos grands groupes automobiles avait voulu remettre en route une de ses usines en Bretagne et, manquant de bras, avait souhaité y faire venir certains de ses salariés de l'étranger, rendus inactifs pour cause de confinement. Levée de boucliers de la part des syndicats – qu'en l'espèce nous ne blâmons pas – pour défendre les intérêts de leurs collègues « intérimaires », postés depuis si longtemps qu'ils étaient considérés comme faisant partie intégrante du groupe. Si l'on peut comprendre la logique sous-jacente, on ne peut que questionner cette organisation générale qui s'accommode de ce matelas de salariés volants, aux droits amputés. Comme le stock de personnes disponibles déborde et qu'il est sans cesse renouvelé, tout le monde s'en accommode pleinement, considérant que cet état de fait bénéficie au plus grand nombre, entreprises et intérimaires mêlés. Mais, dès lors que les grands groupes eux-mêmes participent de ce système, dans la durée, avec parmi leurs équipes une part non négligeable de travailleurs de « seconde catégorie », qui font partie de l'entreprise dans les faits sans en faire partie en droit, on ne peut que vouloir changer les règles, non pas pour contraindre les entreprises, pour prendre une mesure à leur encontre, mais au contraire pour trouver une solution qui sache conjuguer leurs besoins tout en déprécarisant cette main-d'œuvre potentiellement jetable.

Dans ce contexte, faire émerger notre projet MonCDI aura nécessité beaucoup d'énergie. Il nous a fallu dépasser le maquis du Code du travail, surmonter les lourdeurs bureaucratiques, convaincre certains de nos interlocuteurs administratifs, patronaux, syndicaux. Ne pas nous décourager face à un parcours du combattant nous confrontant à une multitude d'interlocuteurs, pas tous ravis de nous voir arriver sur ce « marché ». Ne pas succomber aux attaques de ceux dont nous menacions les positions, professionnels du travail temporaire en tête. Notre objectif n'est sûrement pas de venir faire du tort aux grands acteurs du monde de l'intérim. Nous n'avons d'ailleurs pas le goût des batailles héroïques des David contre des Goliath. Nous n'entendons pas davantage remettre en cause certaines exigences syndicales. Il est d'ailleurs frappant de constater qu'il n'y a pas d'unanimité, ni du côté des chefs d'entreprise, ni du côté des représentants des salariés, ni du côté des acteurs publics face à la solution de travail à temps partagé que nous proposons. Car, pour l'heure, nous nous situons dans une niche, mal identifiée quoique créée par le législateur, vue comme une brèche par les acteurs en place tant il est vrai que cette brèche peut ouvrir un incroyable horizon dans le monde du travail et rebattre les cartes en profondeur.

Notre expérience est d'autant plus solide qu'elle s'est faite dans un cadre dont nous n'avons cessé de discuter avec le ministère du Travail et avec des représentants de syndicats : s'agissant des débuts du temps partagé, nous cherchions à construire la meilleure expérimentation possible, incontestable au plan juridique comme au plan social. Mais nous sommes capables de créer de tels monstres bureaucratiques en France que les juristes du ministère du Travail eux-mêmes peuvent ensuite se perdre dans les méandres de la réglementation. Nous en avons été les témoins et parfois même les victimes. Les personnes ne sont pas en cause : les entreprises sont souvent regardées avec méfiance et les règles fixées en réponse finissent par atteindre un niveau de complexité qui confine à l'opacité. Pour éviter les abus, il arrive qu'on mette les entreprises elles-mêmes en situation de fragilité tant les règles deviennent difficiles à décrypter et, ce faisant, à respecter. Et ceci dès la base : car, en effet, le Code du travail établit qu'une entreprise peut avoir recours au service d'un prestataire de travail à temps partagé si elle ne peut pas recruter elle-même en CDI du personnel « qualifié », en raison de sa « taille » et de ses « moyens ». On voit d'emblée qu'on achoppe sur trois flous, relevant de l'appréciation de la taille, des moyens et de la qualification du personnel. Tous ces flous ont contribué à nous placer dans un dialogue parfois houleux avec l'administration.

Cette législation, au départ pensée pour des cadres, nous avions décidé d'en faire une transposition afin d'embaucher également des personnes moins qualifiées mais tout aussi nécessiteuses et nécessaires pour les entreprises. Car le temps partagé avait jusqu'alors fonctionné au seul bénéfice des salariés qualifiés, spécificité qui perdure d'ailleurs : aujourd'hui encore, les deux tiers des personnes employées sous ce statut sont des cadres et près de la moitié occupe en prime un poste à temps plein. Cela correspond donc à un véritable besoin, mais l'enjeu, pour nous, était bien d'élargir sociologiquement le spectre. C'est notamment ce qui nous a été reproché et nous a valu des discussions sans fin avec les services de l'État et des relations rugueuses avec l'inspection du travail. Il nous a fallu beaucoup de ténacité et le concours décisif de maître Emmanuel Tordjman, notre avocat devenu depuis notre ami – les combats soudent –, pour surmonter toutes les difficultés et voir enfin notre horizon se stabiliser.

Concernant les acteurs syndicaux, il a souvent été difficile de bénéficier de positions homogènes par rapport à la philosophie du temps de travail partagé, les centrales n'ayant pas d'avis unanime entre elles à ce sujet et les unions locales et les élus dans les entreprises pouvant en prime faire des choix dissemblables. De la même façon, on observe que les milieux patronaux peuvent avoir des divergences notoires et que, si la CPME se montre ouverte, le MEDEF est davantage coincé par son mode de financement, avec un poids massif des acteurs de l'intérim. Au point que le MEDEF et l'inspection du travail ont pu, paradoxalement, se retrouver alliés de fait, n'ayant jamais été des soutiens de notre démarche. Il y a ainsi un décalage marqué entre les besoins économiques des entreprises, confirmés par la valeur ajoutée qui est la nôtre à leurs côtés, et la position politique du MEDEF.

Mais les réticences et les entreprises de lobbying ne sont finalement pas parvenues à empêcher la création du CDI d'employabilité en juin 2018, qui sanctuarise notre action, grâce au soutien d'acteurs décisifs, dans les coulisses de certains ministères et de l'Élysée, et à celui de parlementaires courageux, au premier rang desquels Fadila Khattabi. Sans venir se substituer au CDI intérimaire, qui demeure, ce nouveau dispositif le complète et l'enrichit par la souplesse plus grande qu'il garantit : les clauses de mobilité sont moins contraignantes et la durée des missions n'est plus plafonnée à trente-six mois, offrant une plus grande flexibilité pour les entreprises clientes en même temps qu'une plus grande stabilité pour les salariés, amenés à partir sur de très longues missions. Le dispositif est en prime accessible à un large public éloigné de l'emploi sur la base de critères « sociaux » relevant de la qualification, de l'âge (plus de 50 ans), du statut (chômeur de plus de six mois ou bénéficiaire des minima sociaux), d'une situation de handicap. Résultat, il permet à des personnes précaires de disposer d'une vraie stabilité professionnelle, de bénéficier d'un doublement des droits à la formation et de nouveaux droits, relatifs notamment aux congés payés et à la protection sociale (mutuelle et prévoyance).

L'expérimentation, initialement menée sur trois ans, a depuis lors été prolongée jusqu'en 2023, le covid étant venu la percuter entre-temps. Et nous avons fortement et très officiellement pesé pour que l'expérimentation s'accompagne d'une évaluation, afin de pouvoir mesurer les avantages et les limites du dispositif, avec toutefois la conviction que ceux-là l'emportaient sur celles-ci. C'est une aubaine pour les individus et c'est aujourd'hui la meilleure protection pour les entreprises dont les intérimaires à demeure pourraient demain être requalifiés. La protection « sociale » que nous octroyons aux intérimaires en poste, c'est en même temps une protection juridique pour leurs « employeurs de fait ». Autant dire que ce dispositif du CDI d'employabilité gagne comme peu d'autres à être connu des salariés et des entreprises qui sont susceptibles d'en bénéficier. Car il est pour les uns et les autres un considérable levier de réassurance. Malgré les freins, les bâtons dans les roues, les tentatives de déstabilisation et pressions les plus lourdes, la raison et une forme de justice l'ont ainsi emporté, s'agissant d'un dispositif économiquement et socialement pertinent, qui ne fait pas le choix des entreprises et des salariés les uns contre les autres mais vise au contraire à conjuguer leurs besoins propres. Entre la peur panique des acteurs de l'intérim et le dogmatisme de certains représentants de l'administration tenants du droit positif, l'affaire ne fut effectivement pas simple et dit quelque chose d'une forme de sclérose de notre système et du ras-le-bol qui en découle chez nos concitoyens. Mais elle a fini par déboucher positivement.

Une fois terminé ce parcours du combattant et gagnée cette bataille en faveur du CDI d'employabilité, nous avons constaté avec satisfaction que son démarrage s'est fait au même rythme que pour le « CDI intérimaire », pourtant lancé en grande pompe avec le soutien de tous les acteurs politiques, institutionnels et économiques. Et non sans arrière-pensées : il s'agissait alors d'un dérivatif, avec un dispositif créé précisément pour échapper à la taxation des contrats courts. Sans bénéficier de la moindre publicité, ce nouveau dispositif connaît aujourd'hui une dynamique comparable. Et, plus satisfaisant encore, nous sommes désormais concurrencés : alors que nous absorbions à nous seuls la quasi-totalité des contrats signés sous cette forme jusqu'alors, d'autres se sont depuis positionnés, y compris parmi certains acteurs majeurs du monde de l'intérim, soit en propre soit à travers une filialisation de leur activité. Cette concurrence nous stimule sans nous inquiéter outre mesure puisque le gisement est colossal. La Poste elle-même vient de lancer un appel d'offres auquel nous avons soumissionné en y embarquant justement nos « concurrents », car notre volonté n'est pas de nous constituer une position monopolistique pour nous-mêmes mais de permettre au plus grand nombre possible d'intérimaires de quitter leur statut pour davantage de stabilité. Un second syndicat professionnel s'est même constitué ce qui démontre bien, de nouveaux acteurs s'installant, que le potentiel est là.

Ce dernier, d'ailleurs, n'est pas difficile à évaluer. Aujourd'hui, les études économiques convergent toutes autour du même chiffre : 70 % des intérimaires sont en réalité à demeure dans les mêmes entreprises, sans pouvoir disposer du CDI qui devrait accompagner la réalité de leur situation professionnelle. Ceci tient à une forme de « fossilisation » du marché de l'intérim, qui s'est structuré il y a près de cinquante ans, dans un contexte économique radicalement autre, et dont les intérêts installés freinent la mutation qu'il devrait opérer. On voit bien qu'il s'agit d'une bascule culturelle fondamentale et d'une révolution organisationnelle pour ce secteur d'activité. Nous leur souhaitons de l'accomplir le plus vite possible car ceci va dans le sens de l'intérêt général et même le leur propre s'ils parviennent à cette adaptation. Car c'est effectivement 70 % de ce marché qui est en réalité à disrupter. Et 70 % de 30 milliards d'euros représente donc une manne colossale.

La messe est dite et ce sont les chiffres qui sonnent la fin de la partie. Alors que 70 % des contrats temporaires ne le sont pas réellement, nous pouvons affirmer, de façon très prudentielle, que si nous nous contentions de transformer 30 % des CDD et 30 % des contrats d'intérim en CDI, la manne avoisinerait... 1,2 million d'emplois. Plus d'1 million d'emplois à durée indéterminée créés en un claquement de doigts ou presque. À tout le moins en quelques clics. Le CDI d'employabilité est donc un sas à déprécarisation pour plus d'1 million de personnes ! Plus vite on avancera, sans même attendre la fin de l'expérimentation en 2023, plus on travaillera à notre performance économique collective et à notre cohésion sociale d'un même pas. Alors qu'attendons-nous ? En Allemagne, si souvent prise en exemple s'agissant de son modèle productif, de son organisation du travail et de la qualité de son dialogue social, une mission d'intérim de six mois débouche sur un recrutement systématique. Il n'y a qu'en France que, sous couvert d'une législation kafkaïenne censée protéger les travailleurs, cela ne se fait pas, compte tenu d'un accord collectif tacite créant les conditions d'une « précarité durable » pour toutes celles et tous ceux qui sont enfermés dans l'intérim. Ce dernier, à cet égard, est bien demeuré un « marché de la précarité », de plus en plus pervers et de moins en moins adapté aux besoins de nos économies. C'est pourquoi nous devons le faire sans attendre, en amont de cette double transition qui vient et de la vague massive de départs en retraite qui l'accompagne. Désormais les syndicats sont pleinement acquis à notre cause, ce qui nous donne une force considérable. Car tout ceci nous permet de faire coup double : réduire dans le même temps le chômage et son halo, et travailler à la résorption des pénuries de main-d'œuvre que rencontrent certains secteurs. On voit bien aujourd'hui que, même en étant très administré, le marché du travail ne parvient pas à bénéficier d'une régulation efficace, qui tienne compte à la fois des besoins des entreprises, de ceux des salariés et de ceux de la société dans son ensemble pour parvenir à les aligner.

À cet égard, le dispositif de CDI d'employabilité affiche son efficacité à travers un chiffre, un seul : plus de 60 % de nos salariés ont déjà été embauchés par nos clients. Ce chiffre est à mettre en perspective d'éclairante façon avec ceux de l'intérim, où à peine plus de 15 % des intérimaires finissent en contrat dans l'entreprise qui a recouru à leurs services. Pourquoi de tels chiffres concernant notre dispositif ? Parce que le respect que nous manifestons aux salariés en leur offrant cette stabilité nous est rendu au centuple. Ensuite parce que nous ne nous contentons pas de leur offrir un contrat à durée indéterminée mais tous les avantages qui vont avec. Et, sans doute le plus décisif en la matière, est-il celui de l'accompagnement et de la formation. Une fois qu'ils sont sécurisés dans leur statut, il est en effet impératif qu'ils soient formés, en rappelant toujours avec insistance que 80 % des intérimaires en général et de nos salariés en particulier ne sont pas ou peu qualifiés. Pour ces personnes, le savoir-être compte donc encore plus que le savoir-faire. Le respect va avec le premier et la formation avec le second. La montée en compétence que nous leur offrons est donc double. Travailler ces deux dimensions prend naturellement davantage de temps mais paie bien plus efficacement. Une fois que nous avons appliqué les deux « couches » – le savoir-être d'abord, le savoir-faire ensuite –, l'entreprise cliente qui en bénéficie finit effectivement la plupart du temps par dire « je l'embauche ». C'est ainsi que cela marche. Et il est d'ailleurs très intéressant d'observer que cela marche de plus en plus vite : au démarrage de notre aventure, il fallait un peu plus de trois années pour que nos salariés se fassent recruter par nos clients ; aujourd'hui, le délai s'est raccourci à deux ans environ, certainement favorisé par les prêts garantis par l'État, qui représentent des sources de financement importantes. Les entreprises ont besoin d'être sécurisées autant que les salariés et c'est précisément ce que nous leur apportons.

De ce point de vue, la cible la plus efficace est pour nous celle des 30-40 ans, parce qu'elle veut tout à la fois se stabiliser et donc se former. Et il est encore suffisamment tôt dans leur vie, personnelle et professionnelle, pour que l'investissement que nous acceptons de faire pour eux soit rentable durablement pour la société. Que les entreprises ne se sentent pas de les recruter directement est une chose, mais puisqu'il existe des tiers employeurs responsables et disposés à les prendre en CDI pour les mettre ensuite à la disposition des autres, pourquoi s'en priver ? Les pouvoirs publics, qui ont désormais donné un cadre pleinement légal à cette expérimentation, devraient la promouvoir à fond tant est colossal le gain économique et budgétaire pour notre pays. Les économies générées, en plus de soulager les comptes de l'assurance-chômage, pourraient enfin être consacrées à autre chose que le saupoudrage actuel et être ainsi fléchées vers la formation de ceux qui demeurent les plus éloignés de l'emploi.

Car les acteurs comme nous ne peuvent se porter sur tous les fronts. Le centre de formation du temps partagé, que nous avons déjà lancé, permet de répondre aux besoins élémentaires, en amont : il permet justement de travailler sur le savoir-être, notamment à travers la réalisation d'un CV vidéo, qui constitue un outil idéal pour beaucoup de salariés peu qualifiés. Il valorise la façon de se présenter, de se tenir, de porter le regard et la parole, de mettre en avant une personnalité, un potentiel de sociabilité, ce qu'un bout de papier ne permet évidemment pas d'incarner. Mais il ne constitue qu'une toute première brique d'un parcours plus exigeant.

Ensuite, pour ceux qui en ont besoin, il faut en effet compléter par une remise à niveau en français, tant la proportion de personnes en difficulté en la matière est élevée : près de 15 % de ceux que nous voyons passer ont un problème de compréhension écrite et orale mais, plus globalement, la moitié environ gagnerait à une remise à niveau, et ceci concerne des personnes qui, même si elles sont à 80 % d'origine étrangère – africaine, turque, d'Europe de l'Est… –, sont la plupart du temps de nationalité française. Ce sont aujourd'hui eux qui travaillent dans nos usines. Avec des modules de 80-120 heures, on peut déjà les remettre sur de bons rails. Nous le faisons et nos clients eux-mêmes jouent pleinement le jeu, car tel est aussi leur intérêt : souvent en facilitant la prise de cours sur leur site, plutôt que dans nos agences, pour éviter aux salariés des temps de transport après le travail. Et dans la majorité des cas, nos salariés sont très rapidement embauchés par la suite. Il est donc indigne qu'on laisse ces personnes dans une situation de maîtrise partielle de la langue alors que nous avons les moyens de les identifier et de les aider.

Enfin, tout aussi important, dans un troisième temps, une fois la posture et la langue abordées, d'autres formations, plus longues, comme les certificats de qualification professionnelle (CQP), peuvent prendre le relai mais en étant dispensés par des organismes déjà constitués. Il y a ainsi un enjeu à pouvoir mobiliser les comptes personnels de formation pour faciliter la réinsertion de tous ceux qui sont aujourd'hui en marge du système.

Nous avons des discussions avec les syndicats pour savoir comment il est possible de laisser évidemment la main aux individus sur leur capital de formation tout en s'inscrivant dans des démarches d'accompagnement telles que nous les proposons. En tant qu'employeur responsable et entreprise à mission, soucieux de l'employabilité de nos salariés, nous sommes nous-mêmes disposés à abonder de façon complémentaire le compte formation de nos salariés, à condition de pouvoir orienter l'usage à en faire.

Cet accompagnement est d'autant plus décisif que nous devons accélérer pour assumer l'objectif très ambitieux mais en réalité très réaliste du million de CDI créés. Pourquoi réaliste ? Parce que chaque intérimaire va pouvoir devenir l'ambassadeur et le créateur de son propre contrat à durée indéterminée. C'est tout le sens de la plateforme que nous avons créée et qui permet à tout intérimaire qui le souhaite de postuler et de se faire recruter automatiquement chez nous. Il lui suffit d'aller voir l'entreprise qui recourt à son travail dans le cadre d'un contrat d'intérim et de lui annoncer qu'il va poursuivre sa mission mais avec un CDI contracté chez nous et un contrat de mise à disposition établi par nos soins. Ainsi, l'affaire est-elle conclue en quelques minutes et en quelques clics. On a raison de pointer du doigt la façon dont certaines plates-formes numériques viennent fragiliser et précariser le monde du travail, mais une plate-forme comme la nôtre contribue précisément à l'inverse. C'est évidemment dans l'intérêt de toutes les entreprises qui embauchent aujourd'hui des intérimaires ; c'est même du bon sens que de leur dire : « vous avez de bons éléments en intérim ; envoyez-les nous, nous allons leur offrir un statut, une stabilité, nous doublons leur formation, les accompagnons et pouvons vous les mettre à disposition pendant cinq ans ; mais en réalité, vous les embaucherez avant en CDI, car tel est votre intérêt ». Et c'est bien comme cela que cela fonctionne, 100 % des gagnants ayant tenté leur chance. Avec une personne qui a déjà fait ses preuves au niveau de l'entreprise qui la fait travailler, nous endossons le risque à la place de notre client, mais ce risque est en réalité bien limité. C'est pourquoi désormais nous recrutons directement tout intérimaire qui, avec un minimum de quatre mois d'ancienneté dans sa mission, nous sollicite dans cette perspective. Et tout se fait en ligne comme une simple formalité.

Avec cette plate-forme, nous n'avons d'ailleurs même plus besoin de « recruter » : ce sont nos futurs salariés qui sont ainsi incités à s'autorecruter, à condition d'avoir déjà une mission d'intérim en cours. Rêvons un peu : si la dynamique s'enclenche – et il n'y a aucune raison de douter que ce soit le cas –, le travail intérimaire peut devenir en quelques mois une baudruche totalement dégonflée. Il suffit que d'autres acteurs et professionnels du temps partagé se positionnent comme nous pour permettre à ce dispositif de CDI d'employabilité de développer tout son potentiel et de transformer son décollage en explosion. Loin du cynisme et des fausses promesses, s'agissant d'espoir donné à des dizaines de milliers de personnes qui ne demandent qu'à travailler et à le faire dans un cadre stable et respectueux. Il y a quelques années, le représentant du MEDEF avait, en contrepartie d'une nouvelle demande de baisse de charges, annoncé la création potentielle d'1 million d'emplois. Ici, aucune mesure complémentaire, aucune incitation fiscale, aucune baisse de cotisations ou modification réglementaire n'est nécessaire : il suffit que chacun le veuille pour que collectivement nous augmentions le nombre de CDI dans notre pays d'1 million, au moins.

Et demain, nous pourrions même aller plus loin en recrutant « à l'aveugle » toute personne sans emploi ni perspective imminente d'embauche, dès lors qu'elle aurait un niveau de qualification ou une employabilité minimum. Car, c'est le pari, en quelques semaines, cette personne peut être postée chez un client, vu la multitude de demandes d'intérim formulées par les entreprises. Avec le recul qui est le nôtre, nous évaluons aujourd'hui la durée d'intermission à deux ou trois semaines. Et dans un système fluidifié, ce délai pourrait même être réduit. Un risque là encore très raisonnable donc que nous acceptons en tout cas d'endosser à la place de nos clients, pour leur éviter de recourir à cet intérim structurel dont nous avons malencontreusement fait un levier de compétitivité en même temps que de précarité. Il nous semble bien qu'aujourd'hui, après des années de tâtonnements et de luttes, nous soyons face à un alignement inédit des planètes.

Le plein-emploi : c'est ici et maintenant

« Nous ne devons pas viser seulement 7 % de chômage mais bien le plein-emploi », a indiqué le président de la République lui-même dans son adresse à la Nation, en novembre 2021. « Le chômage est au plus bas depuis près de quinze ans. Notre économie créée des emplois comme jamais », a-t-il martelé. C'est vrai, encore faut-il voir lesquels. Unc société peut très bien, de nombreux pays malheureusement l'illustrent, conjuguer une croissance dynamique et une précarité persistante. Et la France ne fait malheureusement pas exception. À l'heure des *bullshit jobs*, du travail « en miettes » et des salaires passés à la moulinette des plates-formes numériques, le salariat et les protections qui lui étaient associées ont pris du plomb dans l'aile.

Les économistes tombent aujourd'hui d'accord pour dire que les réformes mises en œuvre depuis plus de dix ans ont réglé la question du coût du travail au niveau des bas salaires, qui avait animé tant de débats, en particulier dans notre compétition avec l'Allemagne, au début des années 2000. Les assouplissements progressifs du droit du travail ont également contribué à diminuer la crainte des employeurs face à la perspective d'un licenciement. Beaucoup doutent toutefois que ces évolutions suffisent à nous faire toucher du doigt le « plein-emploi » promis par le président de la République et à la saveur duquel nous n'avons plus goûté depuis plus d'un demi-siècle. Au point que plus grand monde ne croit encore aujourd'hui à ce qui semble une fable pour enfants crédules.

Pire, le socle de notre organisation productive semble plus fragile que jamais, soumis à cette double révolution technologique et sociétale qui nous arrive avec la digitalisation de nos économies et leur nécessaire décarbonation. Cette double vague a des allures de raz de marée. Il ne tient qu'à nous d'éviter la noyade en adaptant notre économie en même temps qu'en protégeant ceux qui en seront les « cols verts ». Il est essentiel que chacun trouve sa place dans ce système productif en recomposition pour que sa contribution soit optimale et qu'elle participe de son propre accomplissement. Nous en avons la certitude en même temps que, désormais, l'expérience :

les aspirations individuelles et un dessein collectif sont assurément compatibles. Nous pouvons ainsi être collectivement agiles et individuellement sécurisés. C'est même la seule façon de travailler en même temps à la résilience des personnes et à celle de la société dans son ensemble.

À travers notre parcours du combattant, engagé en 2011, nous avons fait la démonstration que le travail à temps partagé constituait une vraie réponse, et pour les entreprises et pour les salariés. Mieux, nous avons en prime réussi à convaincre le législateur d'élargir l'usage du CDI d'employabilité aux publics les plus précaires en réparant une injustice : la mutualisation du travail qui permet de garantir un CDI était en effet de longue date opérationnelle pour une partie de la population active très qualifiée mais elle était fermée à tous les autres, pourtant bien plus en difficulté sur le marché du travail. Injustice corrigée par cette volonté partagée de rendre le monde du travail un peu plus inclusif.

Mais au prix de tant d'efforts pour surmonter les résistances patronales, la quasi-indifférence syndicale (en dehors de la CFDT et la CFTC), l'inertie administrative, la surdité politique. Peut-être, sans doute, étions-nous en « avance de phase » sur le marché, sur la société civile, sur le législateur.

Nous y sommes désormais. Comme le dit Victor Hugo, « rien n'est plus fort qu'une idée dont l'heure est venue ». La nôtre fait écho à d'autres : sécurité sociale professionnelle, flexisécurité, sac à dos social, revenu universel, notamment, sont autant de concepts, certes différents et qu'il ne faut pas confondre mais qui, tous, cherchent une ligne de crête pour conjuguer les contraintes économiques et les droits sociaux, les souplesses accordées aux entreprises et les protections dues aux actifs.

Aujourd'hui, le cadre législatif est clair mais il n'est qu'expérimental et temporaire. Le CDI d'employabilité a beau avoir enfin été conforté par la loi, il est en « période d'essai » et ne court que jusqu'en 2023. Chemin faisant, en décembre 2021, la ministre du Travail, Élisabeth Borne, en fit la présentation officielle lors d'un déplacement en provincc. Dans ces conditions, le rapport d'évaluation de ce dispositif, à publier en février 2022, ne serait être que positif et enverra ainsi un signal fort pour sa pérennisation dans le Code du travail. Il offre une incroyable opportunité et il est urgent que d'autres que nous s'en saisissent sans attendre. Mais demain ? L'économie a besoin de visibilité, dit-on. Il est impératif d'en donner à ce dispositif car, derrière lui, ce sont des centaines de milliers de salariés qui sont potentiellement concernés. Et pour tous ceux-là, un tel dispositif change tout, vraiment tout.

Pour eux mais, ce faisant, pour la société dans son ensemble. Notre diagnostic, en forme de promesse, ne souffre aucune hésitation : sur les quelque 5 millions de précaires que compte la population active aujourd'hui, au moins 1 million d'entre eux, par le biais du CDI d'employabilité, peuvent s'affranchir de la vulnérabilité économique et sociale dans laquelle le système les enferme. Pour eux tous, le CDI, qui semblait inaccessible, redevient à portée de main. Et pour nous tous, le plein-emploi redevient un récit crédible, un espoir sérieux, une raison d'être commune. Un CDI pour chacun(e) et un même horizon pour tous. Un premier et grand pas vers une société apaisée et réconciliée.

Remerciements

Les remerciements constituent parfois un passage obligé : ils sont au contraire pour nous un exercice de sincérité et de gratitude affirmées. Ils vont ainsi chaleureusement :

À tous nos salariés mis à disposition chez nos clients, sans lesquels cette aventure n'aurait pas été possible et dont le soutien a été décisif.

À nos salariés permanents qui sont restés à nos côtés malgré les difficultés.

Aux tout premiers clients qui nous ont fait confiance, qui ont cru à ce nouveau modèle et qui nous ont épaulé durant les moments difficiles :

Évelyne Darenne et Jean-Louis Saunal (JTEKT Automotive) ;

Romain Renoux (Alstom) ;

Loïc Schumpp (Thales SIX) ;

Isabelle Goldin (Daramic).

À Élisabeth Le Gac, ancienne secrétaire générale CFDT Rhône-Alpes pour son soutien indéfectible durant certaines périodes houleuses.

À Maxime Dumont, conseiller confédéral CFTC, chef de file « formation professionnelle et apprentissage » pour son soutien de longue date et son amitié.

À Emmanuel Tordjman, pour son amitié et ses talents d'avocat.

À Fadila Khattabi, qui s'est battue au Parlement pour la consolidation du CDI d'employabilité. Une femme de convictions, à n'en pas douter.

À Sophia Ailane et Germain Grac-Aubert, pour leur aide et conseils avisés dans les méandres administratifs et politiques.

À Jean-René Buisson que le soleil de Corse n'empêche pas de nous prodiguer des conseils toujours précieux.

Enfin, à Nicole Notat qui nous a fait l'honneur de préfacer ce livre mais surtout pour son écoute toujours attentive et sa finesse d'analyse constante.

Table des matières

Retrouvez notre catalogue sur
www.editionsdelaube.com

Pour limiter l'empreinte environnementale
de leurs livres, les éditions de l'Aube
font le choix de papiers issus de forêts durablement
gérées et de sources contrôlées.

Achevé d'imprimer en mars 2022
sur les presses de l'imprimerie New Print
pour le compte des éditions de l'Aube
331, rue Amédée-Giniès, F-84240 La Tour d'Aigues

Numéro d'édition : 4788
Dépôt légal : avril 2022

Imprimé dans l'Union européenne